AF394089

TOMA LAS RIENDAS DE TU VIDA

Las claves para reconectar con tus valores

Por Christophe Peiffer
Traducido por Laura Soler Pinson

Salud y bienestar 50MINUTOS.es

CÓMO TOMAR LAS RIENDAS DE TU VIDA

- **¿Problemática?** ¿Cómo recuperar el control de nuestra vida cuando creemos que lo hemos perdido?
- **¿Meta?** Tomar las riendas es un objetivo que muchos desean alcanzar, pero no saben cómo lograrlo. Todos podemos vernos obligados a asumir ese desafío en distintos momentos de nuestra vida. Con este libro, nuestro objetivo es darte las claves para dar los primeros pasos en tu nuevo sendero vital.
- **¿Preguntas frecuentes?**
  - ¿Cuándo tengo que (volver) a tomar las riendas de mi vida?
  - Me da miedo el cambio. ¿Cómo lo soluciono?
  - ¿Cómo salgo de mi zona de confort?
  - ¿En qué puedo apoyarme para empezar a tomar las riendas de mi vida?
  - ¿Qué medios concretos podría tener en cuenta para hacerlo?
  - ¿Cómo saco tiempo para tomar las riendas

de mi vida?
  ◦ <u>Tengo muchos proyectos que se quedan en la fase de ideas. ¿Cómo hago para ejecutarlos?</u>
  ◦ <u>¿Tengo que ponerlo todo en entredicho?</u>

En contra de lo que asegura el título de la famosa película del director Étienne Chatiliez, la vida está lejos de ser un largo río tranquilo. Puede ser que a veces tengas el sentimiento desagradable de que sufres tu vida en vez de ser el protagonista. Es casi como si te encontrases encima de una de esas cintas transportadoras de aeropuerto, inmóvil, pero sigues avanzando, viendo cómo todo pasa por delante de tus ojos mientras te quedas parado. Tomar las riendas de tu vida significa bajar de la cinta y seguir caminando por voluntad propia, de forma completamente consciente, centrando tu energía en progresar hacia un objetivo que tiene sentido.

Para empezar, hagamos un balance de tu vida. Imagina que te subes a un helicóptero y que tomas altura. Tienes una panorámica fantástica de la trayectoria que te ha llevado hasta donde estás hoy.

De cerca o de lejos, tu camino se parece a muchos otros, con sus altibajos, con sus momentos agradables y otros que querrías haberte ahorrado. Seguramente, seguiste una educación clásica, hecha a base de orientaciones que, en mayor o menor medida, respaldó un entorno que gravitaba alrededor de ti y que «solo quería lo mejor para ti». Así, empezaste tus estudios o aprendiste una profesión que, en aquella época, te interesaba y de la que te formaste una opinión idealizada. Muy probablemente, a continuación, obtuviste un puesto más o menos relacionado con tus estudios y empezaste a intercambiar con tu jefe tu tiempo por su dinero.

Tal vez, en tu vida personal has seguido la misma tónica. Pero, un buen día, te despiertas con esa sensación desagradable de estar perdiéndote algo, de no estar viviendo la vida que querías. Es como una llamada que viene de lo más profundo de tu ser, que te susurra esas breves palabras con una profundidad y una gravedad desconocidas hasta ahora: «¡Ya es hora de que tomes las riendas de tu vida!». ¿Pero cómo lograrlo? Ese es el objetivo de este libro: ayudarte a empezar de nuevo escuchándote y escuchando los valores que quieres potenciar en tu vida.

¿POR QUÉ HAS PERDIDO EL CONTROL DE TU VIDA?

LOS FACTORES DE INFLUENCIA

No se puede discutir que la educación desempeña un papel de primer orden en cómo podemos tomar las riendas de nuestra vida. No hay que juzgar la manera en la que tus padres te han criado. Es normal que hayan querido compartir contigo su visión del mundo y, salvo en algún caso raro y extremo, han hecho todo lo posible con los medios que tenían. De hecho, la mayoría de las veces han contribuido con mucha convicción a las distintas decisiones que has tenido que tomar. No es ni bueno, ni malo; son simplemente proyecciones inconscientes de sus propios deseos que creen con total honestidad que son los tuyos. Al fin y al cabo, ellos te hicieron. En su representación de tu personalidad, es casi como si fueras su «miniyo». Así que les parece evidente que lo que habría sido o sería bueno para ellos, tiene que serlo para ti.

Otro factor influyente y, probablemente, una de las mayores plagas de nuestra sociedad moderna es la televisión. Hoy en día, desde el momento en el que un bebé es capaz de sentarse en un sofá, se ve saturado por un flujo constante de programas televisivos. En 2004, cuando Patrick Le Lay se encontraba a la cabeza del canal de televisión francés TF1, aseguraba en su libro *Les dirigeants face au changement* («Los dirigentes ante el cambio») que «lo que vendemos a Coca-Cola es tiempo de cerebro humano disponible» (Latouche 2008). Es necesaria esta disponibilidad para sugerir al telespectador que consuma tal o cual producto, y que este crea erróneamente que ha escogido dicho producto con total libertad. O también, para ejercer sobre él una cierta influencia en su forma de ver el mundo, lo que le quita a la vez cualquier pensamiento crítico posible. Y es que, ¿existe algo más pasivo que mirar una pantalla donde se emiten imágenes que supuestamente nos entretienen o informan? La consecuencia de esta adicción legal a un objeto que se traga todo tu potencial de desarrollo, de creatividad, de realización de proyectos estimulantes es que te arrebata las riendas de tu vida.

Junto a estos dos factores de influencia principales, existen otros, entre los que podemos citar:

- **los orientadores** que pueden guiar a un individuo en función de apreciaciones anotadas y reformuladas en un papelito llamado boletín de notas. El mensaje implícito de esta acción es: «Tu vida (profesional) viene determinada por lo que haces». ¿Qué pasa entonces con lo que eres? Esta pregunta resulta demasiado compleja y no entra en sus prioridades;
- **los amigos «que desean lo mejor para ti»** y que, casi como las figuras paternas, están repletos de buenas intenciones cuando quieren prestarte ayuda a toda costa. Así, en las interminables charlas que se producen durante un aperitivo, surge un abanico de «Hay que...», «Tendrías que...» o «Si fuese yo...»;
- **tu pareja** que, por efecto sistémico, ejerce una influencia con su sola presencia. Cuidado, esto no quiere decir que ella sea el núcleo del problema. El efecto sistémico es el resultado de una situación que se origina en el vínculo que existe entre los dos compañeros de vida. Las concesiones son un buen ejemplo de efecto

sistémico: quieres ir al cine, pero tu cónyuge quiere ir al restaurante; en ese caso, encuentras una solución intermedia para cuidar la relación.

EL ALEJAMIENTO DE UNO MISMO

En cierta medida, todos estos factores han podido crear una especie de distancia, de brecha que te aleja progresivamente de ti mismo. Si este es tu caso, quizás te sientas en desajuste con respecto a lo que eres en lo más profundo de tu ser:

- tú, que sueñas con tu vida;
- tú, cuyo fuego interior alumbra con una luz intensa aquello que realmente necesitas;
- tú, que tienes aptitudes en ámbitos que otros no tienen;
- tú, que experimentas un placer inmenso cuando entras en contacto con lo que realmente te hace vibrar;
- tú, que eres consciente de que estás hecho para otra cosa diferente a la que te ocupa en este momento;
- tú, que sientes que puedes aportar tu granito de arena para algo «más grande»;
- tú, que sabes instintivamente cuál es el sentido

de tu vida…

Esta parte de ti sigue estando ahí, en algún lugar, y a veces se manifiesta para lanzarte un mensaje. Ese mensaje es tu llamada.

LA LLAMADA

Alejarse de uno mismo es un resultado, la culminación de un largo proceso en el que se mezclan las influencias que hemos visto anteriormente, algunas defensas inconscientes que te hacen creer que «tomar las riendas de tu vida es peligroso» o, incluso, el hecho de estancarse en una especie de confort en el día a día.

Sin embargo, poco a poco observas infinidad de pequeñas señales que te llevan a plantearte el sentido de tu vida. Y cuanto más intentas ocultarlas, más se manifiestan. Adquieren formas variadas y vuelven con frecuencia. Es casi como una llamada, como una vocecita que cada vez escuchas más claramente y que te susurra al oído preguntas existenciales:

- ¿Por qué siempre conozco al mismo tipo de gente tóxica?

- ¡He fracasado otra vez! ¿Qué falla en mí?
- Llevo seis meses con dolor en la parte baja de la espalda. ¿Qué me pasa?
- ¡Maldita sea! Es la tercera vez que me encuentro un artículo relacionado con mis preguntas actuales. ¿Qué significa esto?
- ¿Cómo podría sentir motivación por lo que hago?

Existe un número infinito de preguntas de este tipo. Si nos tomamos el tiempo necesario, todos podemos escuchar atentamente esta llamada que viene directamente desde lo más profundo de nuestro ser y escuchar el mensaje que encierra.

APRENDE A MANEJAR TU VIDA

OLVIDA LOS OBJETIVOS: HAZ UN HUECO PARA LOS PROYECTOS

Muchas obras de desarrollo personal establecen como dogma el hecho de fijarse objetivos. Con un gran despliegue de técnicas SMART, DAFO o SCORE, concretar un objetivo se convierte de alguna manera en el alfa y el omega de la plenitud personal. Como si el hecho de no tener un objetivo se convirtiera en un problema en sí mismo por el que habría que preocuparse.

No podemos negar la conveniencia de tener uno o varios objetivos sobre los que concentrar nuestra energía. Yo mismo los utilizo con mis pacientes, ya que, al formar parte integrante de cualquier proceso de acompañamiento en *coaching*, contribuyen a fijar un rumbo que seguir con unos criterios de satisfacción que sirven como puntos de referencia a lo largo de todo el recorrido.

No obstante, con el fin de tomar las riendas de nuestra vida, tener proyectos permite que satisfagamos una de las necesidades vitales del ser humano: la autorrealización. Sin embargo, no se trata de cualquier proyecto; se trata de aquellos que responden al triángulo de la felicidad: Placer — Compromiso — Significado. Las investigaciones que se han llevado a cabo en psicología positiva y, en especial, las de Martin Seligman (investigador en psicología y profesor en la Universidad de Pensilvania) han demostrado que la felicidad o el bienestar subjetivo estaba condicionado por el placer que experimentamos cuando realizamos tareas, mostrando un compromiso total, mientras les damos sentido. A continuación, pasamos a descifrar estos tres componentes:

- **el placer**. El placer, que a menudo se asocia con una emoción positiva, es un sentimiento que experimentamos cuando vivimos una situación que estimula nuestros sentidos. Por ejemplo, podemos sentir placer mirando un atardecer, oliendo un perfume delicado, tocando una piel suave, probando un plato exquisito o escuchando una melodía hipnotizadora. Por lo tanto, el placer depende fundamentalmente de un estímulo externo y está lejos de bastar por sí solo para que podamos sentirnos realizados en la vida. No obstante, contemplar proyectos en los que el placer estará presente es una buena base si quieres tomar las riendas de tu vida;

- **el compromiso**. El segundo componente fundamental para pensar en sentirse realizado en un proyecto es el compromiso con el que te embarcas en él. Comprometerse con un proyecto significa poder poner toda tu energía sin que esto suponga un esfuerzo. Al contrario, cuanto más comprometido estás, más aumenta tu energía. Te sientes motivado, hasta el punto de perder la noción del tiempo, del espacio y de la autopercepción. Utilizas en su máximo potencial las competencias desplegadas para este proyecto y tu focalización es óptima. Ya no existe nada más, salvo el objetivo de tu compromiso. A continuación, presentamos algunos ejemplos de proyectos que favorecen este estado de *flow* (en psicología, se trata del estado mental en el que se encuentra una persona completamente concentrada en lo que hace), tal y como lo llama su creador, el investigador Mihály Csíkszentmihályi:

- escribir un libro,
- pintar un cuadro,
- asumir un reto deportivo,
- preparar un evento,
- aprender a tocar un instrumento,
- participar en un acto benéfico,
- trabajar en grupo en un tema estimulante;

- **el significado**. Este es el último elemento fundamental para lanzarse en un proyecto, el significado que tiene para ti. Quizás es incluso el elemento más importante que debes tener en cuenta para tomar las riendas de tu vida. Dar un sentido a tu proyecto y, más en general, a tu vida equivale a plantearse la siguiente pregunta: «¿Por qué hago lo que hago?». El por qué te conecta de manera inmediata con la finalidad de tu proyecto, con su objetivo final. Cuidado, no creas que vas a responder a esta pregunta al instante. Esto requiere un cierto tiempo de reflexión para encontrar en tu fuero interno lo que, precisamente, le aporta significado. Para ayudarte, te presentamos una pequeña sucesión de preguntas que te ayudará a ir tras el Santo Grial de tu búsqueda de sentido:
  - ¿Por qué te planteas este proyecto?

- ¿En qué medida es importante para ti?
- (respondiendo a la pregunta anterior) ¿Hay algo más importante todavía?
- (respondiendo a la pregunta anterior) ¿Qué te aportará esto?
- (respondiendo a la pregunta anterior) ¿En qué medida contribuirá en el mundo que te rodea?

Y, ahora, vuelve a pensar en la pregunta «¿Por qué te planteas este proyecto?» e intenta formular una respuesta de entre cinco y nueve palabras como mucho.

Así, como habrás adivinado, tomar las riendas de tu vida empieza por elaborar un proyecto que tenga sentido para ti, con el que te sientas totalmente comprometido y que te procure un sentimiento de placer. Presentamos una herramienta que puede ayudarte a sentar las bases de un proyecto:

En líneas generales...		
PLACER	**COMPROMISO**	**SIGNIFICADO**
… ¿cómo disfrutas en la vida?	… ¿en qué actividades dejas que salga a la luz todo tu potencial?	… ¿qué es importante para ti en la vida?

¿Qué relación puedes encontrar entre todas las respuestas que has proporcionado aquí arriba?

Anota cinco proyectos que podrías planear y que se corresponderían con la relación que has descrito aquí arriba.

-
-
-
-
-

Clasifícalos según el triángulo de la felicidad: Placer — Compromiso — Sentido

LAS BASES PARA TOMAR LAS RIENDAS DE TU VIDA

Cultiva el optimismo

El optimismo es una forma de ver el mundo que nos rodea. Según la psicología positiva (rama de la psicología que se centra en los puntos fuertes y en las virtudes del ser humano), también es la tendencia a observar las cosas desde la mejor perspectiva. Para retomar una imagen famosa, ser optimista es ver el vaso medio lleno, en vez de medio vacío.

El optimista ve oportunidades donde el pesimista solo ve problemas. Alberga en él varios recursos que no le permiten ver la vida de color rosa, pero sí contemplarla con una luz más intensa. Presentamos algunos ejemplos de los recursos que puede tener un optimista:

- «El mundo está lleno de oportunidades que están al alcance de mi mano».
- «No he fracasado. Simplemente he aprendido lo que no tengo que repetir la próxima vez».
- «Debo este éxito a los talentos y a las aptitudes que he sabido emplear de forma eficaz».

- «Quien tengo delante es un posible socio, más que un enemigo potencial».
- «El carácter no permanente de las cosas me anima a seguir mi camino a pesar de las dificultades».

El optimista no niega las dificultades de la existencia. Él también vive pruebas complicadas, pero logra relativizar, concienciarse de que son puntuales y evaluar su parte de responsabilidad en los hechos.

Pongamos el siguiente ejemplo: ibas a participar en una competición deportiva el fin de semana y no has logrado el objetivo que te habías fijado. Una persona optimista encontrará una explicación racional para este fracaso («No he sabido prepararme correctamente porque he tenido que hacer frente a una sobrecarga de trabajo»), mientras que una persona pesimista lo convertirá en un acontecimiento global en su vida, se atribuirá toda la responsabilidad y lo planteará como algo definitivo.

Si practicas esta nueva «filosofía de vida», estarás más preparado para aprovechar las oportunidades que se presentan ante ti y en seguida te sentirás mejor contigo mismo.

Acepta el cambio

Seguramente te lo imaginas, pero es importante recalcarlo: tomar las riendas de tu vida requiere que efectúes algunos cambios en tu vida actual. Y es que, si estás leyendo este libro en este preciso momento, es que la vida se te escapa parcialmente o que nunca ha estado realmente bajo tu control, y deseas modificar esta situación.

A pesar de este balance, lo cierto es que tienes que ser consciente de que progresas en uno o en varios entornos, en relación con distintas personas, de una manera que conoces muy (¿demasiado?) bien. Este todo (tú + entorno + individuos + relaciones + funcionamiento) forma lo que se llama un sistema. Por lo tanto, un sistema es un conjunto de elementos que interactúan con suficiente fuerza como para conformar un todo que no puede describirse considerando los elementos por separado. En este sentido, los equipos, las empresas o las entidades de trabajo se definen como sistemas abiertos, es decir, interactúan con un entorno (Millet 2011).

Entre los principios o leyes que rigen los sistemas, hay uno que tiene que ver directamente contigo si te comprometes a tomar las riendas de tu vida, y que se manifestará casi con total seguridad: el principio de homeostasis. Este concepto, que proviene de la biología, nos indica que todo sistema tiende a reducir las variaciones que experimenta y a mantenerlas dentro de los límites de lo aceptable. Un sistema abierto cuenta con mecanismos de regulación que le ayudan a mantenerse en un estado estable, en cualquier circunstancia, incluso cuando cambia el entorno. Estos ajustes permanentes permiten que el sistema sobreviva y se conserve (*ib.*). Así, cuando se ve sometido a limitaciones o a fuerzas que lo incitan a modificarse, el sistema tiende invariablemente a volver a un estado de equilibrio previo a ese intento de cambio. Tomemos algunas situaciones en las que entra en juego el principio de homeostasis:

- **[Biología]** contraes la gripe; tu cuerpo produce glóbulos blancos e incrementa su temperatura para combatir el virus con el objetivo de recuperar su equilibrio. Es el principio de homeostasis;

- **[Empresa]** se anuncia una reestructuración de departamento en una empresa. Se inicia un movimiento social para conservar los derechos sociales adquiridos que pueden desaparecer tras este cambio. De nuevo, está en juego el principio de homeostasis;
- **[Familia]** a veces, la llegada de un nuevo integrante en la familia (un bebé, un abuelo) puede crear tensiones, ya que se rompe el equilibrio familiar. De la misma forma, cuando un hijo se va, a veces puede generar fuertes tensiones en la pareja, ya que el equilibrio del sistema familiar se mantenía precisamente por el hijo o la hija que ha abandonado el nido. Si los que se quedan no han encontrado ningún equilibrio, el sistema corre el riesgo de disolverse;
- **[Vida personal]** deseas tomar las riendas de tu vida. Probablemente, esto va a provocar turbulencias en el sistema que formas con tu entorno, tus costumbres, tus esquemas de funcionamiento o tus relaciones. Así, la procrastinación, las conductas de evitación, las excusas o el autosabotaje son muchas de las señales que te animan a quedarte quieto y que te enseñan que estás en plena fase de cambio. Así que, al final, si te tomas esto como un dato

y no permaneces parado, casi es una buena señal. La etapa siguiente consiste en saber qué puedes hacer con esos datos.

Toma decisiones

Otro elemento fundamental en el proceso de (re)tomar el control de tu vida es la noción de decisión. Tal y como acabamos de ver, para tomar las riendas de nuestra vida es necesario que hagamos algunos cambios en nuestros funcionamientos diarios. Para ello, habrá que tomar decisiones. Para algunos, esta idea es especialmente ansiógena. Sin embargo, gracias a las distintas decisiones que adoptarás, (re)tomarás las riendas de tu vida poco a poco. Eso sí, tendrás que ser paciente, ya que solo podrás volver a una vida de acuerdo con tus valores cuando vayas acumulando decisiones.

Una decisión es el resultado de una acción: la de elegir una opción entre varias. A menudo, pensamos que podemos elegir cuando se presentan dos opciones ante nosotros. Sin embargo, en este ejemplo en concreto, no estamos ante a una elección, sino ante un dilema. La verdadera decisión empieza cuando se presentan ante ti tres opciones. Aunque la diferencia sea mínima en el plano numérico, sí es significativa en lo que respecta a su impacto psicológico.

La consecuencia del dilema es que genera un sentimiento desagradable ya que, al optar por una de las dos opciones, no podemos evitar que surja una sensación de pérdida con respecto a lo que no tomamos, en vez de un pensamiento positivo por la vía que hemos elegido. En definitiva, independientemente de la opción escogida, se suele producir un sentimiento de insatisfacción. A continuación, le sigue el fenómeno psicológico de la reducción de la disonancia cognitiva (conflicto entre dos procesos mentales que, *a priori*, son incompatibles) y atenúa ese sentimiento de frustración sobrevalorando los criterios de la opción escogida y minusvalorando los de la opción apartada. Así, el equilibrio está a salvo. No obstante, podrás ahorrar una energía psíquica considerable si te sitúas deliberadamente en una posición de decisión «verdadera». Por lo tanto, si estás ante un dilema donde solo se presentan ante ti dos opciones, tu misión será la de construir una tercera opción. Puede tratarse de una mezcla de las dos primeras o de la creación de una auténtica nueva opción que provenga de tu mente creativa desbordante.

¿QUÉ HACER CUANDO EL DILEMA ES INEVITABLE?

Si te ves atrapado en el torbellino de un dilema, no te preguntes tanto sobre la elección de alguna de las opciones, de sus ventajas y de sus inconvenientes, sino más bien sobre a qué estás dispuesto a renunciar... o no. Así, pasarás de la evaluación de criterios externos (los de las opciones) a criterios internos (tu sistema de valores) mucho más eficaces, más fiables y motivadores.

Sé proactivo, en vez de reactivo

El último principio fundamental que tienes que considerar si quieres tomar las riendas de tu vida es que debes ser proactivo. Esta actitud te convertirá en un imán de oportunidades, un creador de posibilidades.

Según Stephen R. Covey (hombre de negocios y conferenciante estadounidense), ser proactivo hace referencia al hecho de que, como seres humanos, somos responsables de nuestra propia vida (*Los 7 hábitos de la gente altamente efectiva*, Covey 2015). Tenemos la posibilidad de actuar en función de las decisiones que tomamos; y cuanto más decidimos conscientemente, más proactivos podemos ser.

Los individuos proactivos obtienen sus recursos —sin agotarlos— de manera interna; es decir, primero verán en ellos lo que les permitirá avanzar en su vida, antes de acudir eventualmente al exterior para solicitar un apoyo. De hecho, los individuos proactivos no dudan en pedir ayuda cuando consideran que es necesaria para llevar a cabo su proyecto. Confían en su sistema de valores que conocen profundamente y logran tomar la distancia necesaria para tomar una decisión. Para acabar, en líneas generales, las personas proactivas concentran sus esfuerzos en lo que depende de ellas, en lo que es de su competencia, y apenas actúan en caso de que escape a su control.

Por su parte, los individuos reactivos tienden más bien a depender de las circunstancias externas cuando se trata de su humor, de sus emociones, de su tiempo o de sus decisiones. Sus orientaciones, sus puntos de referencia para manejarse por la vida son externos; es decir, por lo general, dan preferencia a los valores y a las opiniones de los demás por encima de los suyos. Por lo tanto, es casi como si cedieran el mando a distancia de su vida a terceras personas. A partir de ahí, estas pueden ejercer un poder considerable jugando con los distintos comandos del aparato. Para acabar, las personas reactivas casi siempre agotan su energía queriendo modificar situaciones que no dependen de ellas.

Ilustremos estas dos tendencias mediante un ejemplo. Tomemos como situación un proyecto que has puesto en marcha y que no llega a buen puerto:

- una persona reactiva tenderá a decir que es culpa de alguien, de la coyuntura, del tiempo que hace, o se censurará duramente reprochándose mil cosas que podría haber hecho o no;
- una persona proactiva tomará una cierta distancia sobre la situación, analizándola en frío e identificando los parámetros que podrá modificar si se presenta ante ella un proyecto

similar. Logrará distinguir los elementos defectuosos que provienen del exterior y los que vienen de ella misma. En cualquier caso, considerará esta decepción como una experiencia que le habrá aportado otras cosas positivas.

No siempre resulta fácil admitir esa concepción que preconiza nuestra responsabilidad individual cuando dirigimos nuestra propia vida. Muchos argumentos —a veces muy legítimos— trastocan esta teoría. Entre ellos, está el argumento que toma en cuenta los elementos que no se encuentran directamente bajo nuestro control (cambiar la conducta de alguien, por ejemplo) o que son totalmente incontrolables (nuestro pasado, un accidente). En efecto, ¿cómo reivindicar la proactividad cuando hay tantas cosas que no dependen de nosotros?

Te presentamos tres maneras de reaccionar proactivamente ante tres tipos de problemáticas diferentes (*ib.*):

- **la problemática puede controlarse directamente**. Puede tratarse de una situación que esté directamente relacionada con tu entorno, tu conducta, tus competencias o tus creencias.

Aquí, la acción proactiva sería cambiar tus hábitos de funcionamiento;

- **la problemática puede controlarse indirectamente**. Por ejemplo, puede tratarse de la conducta de otra persona. En ese caso, la acción proactiva sería cambiar tu manera de comunicarte con esa persona para transmitir tu mensaje. El resultado no está garantizado, pero habrás hecho lo que dependía de ti. Si eso no funciona, pasa al siguiente punto;
- **la problemática es incontrolable.** Bien se trata de cosas que ya no están bajo tu control (por ejemplo, tu pasado), bien se trata de situaciones en las que el desenlace no es satisfactorio, a pesar de tu proactividad. En ese caso, todavía puedes ser proactivo cambiando tu forma de percibir las cosas. En este punto, la noción de «dejar ir» cobra todo su sentido.

EN RESUMEN

En definitiva, si quieres tomar las riendas de tu vida, empieza por construir proyectos que tengan sentido para ti, con los que te sientas comprometido y donde experimentarás placer. Para ello, es conveniente que aceptes algunos cambios en tu vida, sobre todo tomando decisiones y adoptando una conducta proactiva, en vez de una reactiva.

¿CÓMO MANTENER EL CONTROL DE TU VIDA?

LOS VALORES, LA CLAVE PRINCIPAL PARA MANTENER EL RUMBO

Gérard se encontraba en un periodo de transición profesional bastante agitado. No entendía por qué le costaba volver a encontrar un trabajo y tampoco tenía una idea de lo que quería o podía hacer. Él, que siempre se había mantenido activo y productivo, no sabía por qué tenía la sensación de que ya no tenía el control total sobre su vida. Tras un trabajo de exploración relacionado con su pregunta y sus necesidades, resultó que Gérard estaba viviendo un conflicto de valores internos. En efecto, uno de los valores que lo había motivado durante la primera parte de su carrera era el Dinero, inculcado durante su educación en un contexto económico precario.

No obstante, tras varios años favorables, ese periodo de transición se convirtió para él en un indicador del cambio que se había producido en su sistema de valores. Así, tras haber identificado y jerarquizado los valores que lo mueven en la actualidad, se dio cuenta de que, aunque el Dinero seguía siendo válido, ahora quedaba relegado a la parte baja de la clasificación. Otros valores copaban los primeros lugares, como el de contribuir al bien de los demás. Poco tiempo después, Gérard abrió una panadería-cafetería, con la que se alegraba de poder alimentar a sus clientes. Había encontrado un significado muy potente a esta noción de satisfacer una necesidad fundamental del ser humano.

Así, para mantener el rumbo a la hora de tomar las riendas de tu vida, tus valores son una brújula muy fiable. Ahora que estás al mando de las operaciones, se trata de seguir el rumbo adecuado para progresar.

Pero no es fácil conocer tus valores y, más específicamente, tu sistema de valores. Por supuesto, quizás tengas una idea más o menos precisa de lo que te parece importante en la vida. Sin embargo, a lo mejor no has actualizado cuáles son tus valores prioritarios en ese momento, en ese periodo de tu vida. Y es que, aunque globalmente nuestros valores fundamentales siguen siendo los mismos a lo largo de nuestra existencia, puede suceder que nuestras prioridades cambien en función del periodo que vivimos, que un nuevo valor haga su aparición, mientras que otro se evapora. Todo ello constituye la dinámica de los valores.

Para explorar un poco más tu sistema de valores actual, te presentamos una pequeña herramienta en tres etapas: la escala de valores.

- **Etapa 1: determina qué es importante para ti en la vida**
  La primera etapa consiste en utilizar la tabla que incluimos aquí abajo para que, en tres contextos diferentes, identifiques y enumeres las cosas que te gustan, que buscas o que son importantes para ti, así como las que no te gustan, las que evitas o las que te molestan.
  Si te fijas, todavía no hemos hablado de valores. Aquí, se trata de ser lo más espontáneo posible. Puedes escribir palabras clave, grupos de palabras o frases completas si surge de manera natural. He escogido arbitrariamente los ámbitos personal y profesional, y te dejo que escojas el último contexto que te parezca importante en tu vida.

Tómate tu tiempo para reflexionar y para tomar conciencia de todas esas cosas que haces con entusiasmo, que escuchas, que ves, que vives, que te atraen, con las que te sientes bien y que son importantes para ti. Y todo ello, tanto para ti como para los demás, solo o en grupo. La sensación que experimentas es la de un gran «¡sí!» positivo en lo más profundo de tu ser.

Siguiendo esa lógica, tómate un tiempo para volver a pensar en todo lo que te horripila, lo que te eriza el vello, lo que procuras evitar o que te toca alguna fibra en particular y desencadena una sensación que podría caracterizarse por un gran «¡no!».

VIDA PERSONAL	Lo que me gusta, lo que busco, lo que es importante para mí	• • • • ...
	Lo que no me gusta, lo que evito, lo que me molesta, a lo que me opongo	• • • • ...
VIDA PROFE-SIONAL	Lo que me gusta, lo que busco, lo que es importante para mí	• • • • ...
	Lo que no me gusta, lo que evito, lo que me molesta, a lo que me opongo	• • • • ...
(ESCOGE TU CONTEXTO)	Lo que me gusta, lo que busco, lo que es importante para mí	• • • • ...
	Lo que no me gusta, lo que evito, lo que me molesta, a lo que me opongo	• • • • ...

- ## Etapa 2: enumera tus valores

  Tras haber enumerado todos esos elementos

que te atraen o te producen rechazo, ahora la idea es que los agrupes por familias de valores. Dicho de otra manera, tienes que reunir los elementos que amas, que buscas, que son importantes para ti y los que no te gustan, evitas, te molestan, y que se corresponden con un mismo valor. Así, debes reagrupar bajo un mismo nombre lo que se corresponde con una pareja valor/antivalor. Ejemplos:

- «Me gusta disponer de mi tiempo como quiero» y «No me gusta sentirme limitado por un contexto rígido» pueden agruparse bajo un valor común: la Libertad.
- «Busco relaciones basadas en la transparencia» y «No soporto la hipocresía, las cosas que se quedan sin decir o la gente traicionera» pueden agruparse bajo un valor común: la Confianza.
- «Me parece importante respetar las reglas de la vida en sociedad» y «Asistir a algunas faltas por parte de mis semejantes me molesta considerablemente» pueden agruparse bajo un valor común: la Justicia.

El valor común es el que se corresponde contigo. No obstante, es posible que los mismos elementos agrupados por dos individuos se correspondan con dos valores diferentes. Es cierto que pueden parecerse, pero serán distintos. El primer ejemplo también podría tener como valor común la Autonomía.

Para ayudarte en tu búsqueda, presentamos una tabla en la que podrás encontrar algunos valores a los que se acude habitualmente. Obviamente, esta tabla no es exhaustiva, por lo que puedes añadir valores que sean característicos de ti.

TABLA DE VALORES		
Humildad	Creación	Libertad
Progreso	Confianza	Dinero
Descubrimiento	Lealtad	Familia
Igualdad	Decisión	Altruismo
Control	Ecología	Equilibrio
Amistad	Aprendizaje	Originalidad
Contribución	Evolución	Ayuda
Intercambio	Apertura	Construcción
Productividad	Diversidad	Eficacia
Compartir	Responsabilidad	Honor
Autenticidad	Compromiso	Participación
Innovación	Humor	Elegancia
Enriquecimiento	Placer	Intimidad
Independencia	Estética	Autonomía
Progreso	Integridad	Salud

TABLA DE VALORES		
Edificar	Recono-cimiento	Servicio
Justicia	Seguridad	Bienestar
Liderazgo	Autorrespeto	Éxito
Sinceridad	Felicidad	Generosidad
Respeto mutuo	Transmisión	Solidaridad
Cambio	Cualidades relacionales	Triunfo
Trabajo en equipo	El trabajo bien hecho	Tolerancia
Creatividad	Armonía	Orden
Paz	...	

* **Etapa 3: compara tus valores de dos en dos**

  Para establecer tu escala de valores, lo que tienes que hacer ahora es compararlos entre sí. En primer lugar, pregúntate cuál es el valor más importante entre los dos primeros de tu lista. Otórgale un punto. A continuación, busca cuál es el más importante entre el primer valor y el tercero, entre el primero y el cuarto, y así sucesivamente, mientras vas otorgando siempre un punto al valor que consideras más importante.

A continuación, toma el segundo valor y compáralo con el tercero, el cuarto, etc., y concede un punto a cada valor que te parece más importante.

Cuando hayas comparado todos los valores entre sí, solo tendrás que contar los puntos. Obviamente, el valor que obtenga más puntos será tu valor principal.

Si dudas entre dos valores, puedes conceder un punto a cada uno (para los valores más importantes) o no conceder ninguno (para los valores menos importantes).

Ejemplo:

VALORES	PUNTOS	TOTAL PUNTOS	ESCALA FINAL
Compromiso	0 1 0	1	Amistad
Libertad	1 1 0	2	Libertad
Transmisión	0 0 0	0	Compromiso
Amistad	1 1 1	3	Transmisión
…	…	…	…

Si sigues teniendo dudas con respecto a un valor, plantéate la siguiente pregunta: «Si tengo este valor, ¿qué podría ser todavía más importante para mí?». La respuesta a esta pregunta es un valor de nivel superior. Si no te viene a la mente ninguna respuesta espontánea, considera entonces que se trata del valor más importante para ti.

¿QUÉ TE ESPERA AHORA, UNA VEZ QUE HAS TOMADO EL CONTROL DE TU VIDA?

Ahora ya tienes una bonita brújula que tú mismo has creado. Tiene un valor infinito por el hecho de que es única. Utilizarla en tu día a día para tomar las riendas de tu vida —con la ayuda de los elementos que hemos visto en la primera parte— tendrá algunas consecuencias de las que todavía no sabes los beneficios. Así, estate atento a los efectos positivos que describimos a continuación, en caso de que se te vuelva a pasar por la cabeza entregar el control de tu vida y mirar cómo pasa ante ti...

Muchas oportunidades

Sin que te lo esperes, te lloverán las oportunidades, tanto profesionales como personales. No es que se multipliquen por arte de magia, sino que tu nuevo estado anímico te convertirá en alguien más abierto a todas esas posibilidades de lanzarse en proyectos estimulantes y que tienen sentido. El otro efecto secundario de estar receptivo a las oportunidades será que atraerás a personas cuyo estado anímico es similar al tuyo. Imagina todo lo que podrás crear con individuos que también tienen muchas oportunidades en su vida y ganas de llevarlas a cabo.

El poder de crear tu propia suerte

Cuando no eras más que un espectador de tu vida, podías permitirte el lujo de culpar a la mala suerte y, sobre todo, responsabilizar a todo el planeta. ¡Qué cómodo y qué fácil! Ahora que tienes las riendas de tu vida, las cosas son un poco más complicadas. En efecto, los cambios que has introducido en tu funcionamiento te habrán animado a abrirte a los demás y a ti mismo. Por lo tanto, tu disponibilidad es mayor y, al igual que las oportunidades, se incrementarán las situaciones en las que la suerte estará de tu parte.

¡Adiós al autosabotaje!

Cuando mirabas la vida pasar ante tus ojos, todavía tenías toda la libertad para provocar que un proyecto, una relación o un asunto interesante fracasaran. Sin embargo, ahora has retomado el control, por lo que es muy probable que culmines con éxito aquello en lo que te embarcas. En efecto, dado que tienes nuevas aptitudes para observar las señales débiles y para tomar decisiones conscientemente, tus elecciones serán más pertinentes. Así que ten cuidado, porque ahora las posibilidades de triunfar son mucho más elevadas que antes. Además, incluso si sufres un revés en un proyecto, ya eres capaz de convertirlo en una oportunidad de aprendizaje para evitar tropezar con la misma piedra en el futuro.

Una nueva autonomía

Sin darte cuenta, el camino que has recorrido para tomar las riendas de tu vida te ha llevado a tener una conciencia clara (autoconciencia, conciencia de los demás y de las situaciones), a entablar relaciones fluidas y espontáneas y, sobre todo, a escuchar tus necesidades y satisfacerlas. ¡La clave de la felicidad!

PREGUNTAS FRECUENTES

¿CUÁNDO TENGO QUE (VOLVER) A TOMAR LAS RIENDAS DE MI VIDA?

En cuanto observes en tu vida señales que te indican que el camino que recorrías hasta ahora no es el que se corresponde realmente contigo. Puede tratarse de un sentimiento de malestar recurrente, de dolores crónicos inexplicables en el plano biológico, de repeticiones de «coincidencias» en torno a un mismo tema, de distintos encuentros que contienen un mensaje similar con respecto a ti, etc. Todos estos elementos deben atraer tu atención sobre el hecho de que quizás hayas perdido el control de tu vida y de que es hora de que retomes el mando de las operaciones.

ME DA MIEDO EL CAMBIO. ¿CÓMO LO SOLUCIONO?

Desgraciadamente, no te quedará más opción que aceptar el cambio, ya que todo evoluciona constantemente en la vida. Tener miedo del cambio es como tener miedo del ciclo del día y de la noche, de las estaciones o del clima.

Con respecto a los cambios de tu vida, no se trata de renegar de lo que eres, sino de convertirte en lo que todavía no eres, en esa persona que aspiras a ser. El miedo es una emoción que te transmite el mensaje de que tienes que protegerte de un peligro. Pero, en este caso, ¿de qué peligro se trata? Cuando lo identifiques, serás capaz de ver cómo minimizar el impacto sobre ti, e incluso podrás hacer que desaparezca.

¿CÓMO SALGO DE MI ZONA DE CONFORT?

Es necesaria la zona de confort para recargar pilas, para experimentar un sentimiento de seguridad y, obviamente, de confort. Pero, junto a esto, también existe la zona de aprendizaje.

Esta te permitirá explorar nuevos horizontes, nuevos recursos insospechados, nuevas formas que te ayudarán a crecer. En vez de plantear la salida de la zona de confort como un viaje solo de ida, apuesta por la circularidad en tu realización. En efecto, nada te impide que explores terrenos desconocidos mientras tienes la oportunidad de recargar las pilas de vez en cuando donde te sientas bien.

¿EN QUÉ PUEDO APOYARME PARA EMPEZAR A TOMAR LAS RIENDAS DE MI VIDA?

Las bases para tomar las riendas de tu vida radican en tus valores internos, los que solo te pertenecen a ti. También puedes apoyarte en tus talentos y en las situaciones en las que te sientes como pez en el agua.

Otros dos pilares en los que puedes basarte son tu intuición y tu placer. La intuición es esa vocecita que a veces te susurra cosas muy sensatas y con las que te identificas por completo, pero que se ven silenciadas por todos los filtros de tu estado anímico. El placer es esa emoción agradable que te conecta directamente con el niño que sigue viviendo en lo más profundo de tu ser.

¿QUÉ MEDIOS CONCRETOS PODRÍA TENER EN CUENTA PARA HACERLO?

Son muchos los medios. Por ejemplo, puedes decidir hacer una pausa para escuchar lo que tu vocecita te susurra y analizar su mensaje, o empezar una terapia para identificar de forma más clara tus necesidades y valores, o también recibir atención de un *coach* de desarrollo personal que te acompañará a lo largo de todo el proceso para recuperar las riendas de tu vida.

También será importante que tomes iniciativas que te hagan disfrutar. Con respecto a esto, es muy importante que escuches lo que sientes al hacer las cosas.

¿Por qué no aprovechar para hacer un viaje en solitario en el que te verás enfrentado a cosas distintas a las que conoces? Esto te abrirá el horizonte y quizás te permitirá hacer un balance sobre ti mismo.

Asimismo, puedes empezar un pequeño reto diario. Además de convertirte en alguien más dinámico y de aumentar tu satisfacción, quizás descubrirás algunas cosas sobre ti que desconoces. Siguiendo la misma lógica, no dudes en ponerte más a menudo en una situación en la que tengas que elegir. Y, sobre todo, duda de todo salvo de ti.

¿CÓMO SACO TIEMPO PARA TOMAR LAS RIENDAS DE MI VIDA?

No necesitas tiempo para tomar las riendas de tu vida. Pasar de un estado de espectador de tu vida al de actor es, ante todo, un estado anímico. Es un juego que se desarrolla a cada segundo. Por el contrario, si decides lanzarte a ello, es importante que te des tu tiempo para culminar esta búsqueda. Roma no se hizo en un día, así que sé paciente y disfruta plenamente de cada paso que das.

TENGO MUCHOS PROYECTOS QUE SE QUEDAN EN LA FASE DE IDEAS. ¿CÓMO HAGO PARA EJECUTARLOS?

Puedes explorar varias vías. La primera sería que solicitaras ayuda de profesionales que precisamente se encargan de guiar a la gente en la realización de sus proyectos. Otro camino consistiría en preguntarte acerca de lo que todavía no has dejado ir de tu pasado y que, a día de hoy, te impide avanzar. También podrías empezar por un pequeño proyecto y culminarlo y, a continuación, lanzarte en un segundo y en un tercero, volviendo siempre al triángulo Placer — Compromiso — Significado que, a partir de ahora, debe guiarte a lo largo de todo el trayecto.

¿TENGO QUE PONERLO TODO EN ENTREDICHO?

Esto dependerá de varios factores que tendrás que tomar en cuenta:

- tu nivel de compromiso con cómo deseas tomar las riendas de tu vida;
- tu capacidad para cuestionarte;

- tu motivación para explorar tus zonas oscuras;
- tu sentimiento de incomodidad en tu vida actual;
- tu nivel de tolerancia frente a los problemas que vives en la actualidad.

Sea como sea, hay dos tipos de cambio y cada uno tiene sus beneficios y sus riesgos:

- el cambio de tipo 1 te permitirá aportar algunas modificaciones en tu vida para obtener un poco más de autonomía, mientras mantienes un cierto equilibrio. El beneficio es experimentar un sentimiento (¿irreal?) de seguridad. El riesgo es volver tarde o temprano a tu situación actual, con todas las molestias que acarrea;
- el cambio de tipo 2 se corresponde con un cambio de modelo, con un giro total hacia tu nuevo yo. El beneficio es el carácter duradero de tu evolución personal.

¡Tu opinión nos interesa!
*¡Deja un comentario en la página web de tu
librería en línea,*
y comparte tus favoritos en las redes sociales!

PARA IR MÁS ALLÁ

FUENTES BIBLIOGRÁFICAS

- Covey, Stephen R. 2015. *Los 7 hábitos de la gente altamente efectiva. Ed. revisada y actualizada.* Barcelona: Ediciones Paidós.

- Millet, Olivier. 2011. *Manuel de formation à l'intervention systémique en entreprise.* s. l.: Institut REPERE.

- Peiffer, Christophe, Éric Roland, Karine Aubry y Anne-Claude Boutin. 2012. "Les valeurs". *Le Blog des rapports humains.* Consultado el 7 de noviembre de 2017. https://www.leblogdesrapportshumains.fr/les-valeurs-ebook-a-telecharger/

FUENTES COMPLEMENTARIAS

- Ben-Shahar, Tal. 2014. *Choisir sa vie. 101 expériences pour saisir sa chance.* París: Belfond.

- Csíkszentmihályi, Mihály. 2006. *Mieux vivre en maîtrisant votre énergie psychique.* París: Robert Laffont.

- Latouche, Serge. 2008. *La apuesta por el decrecimiento. ¿Cómo salir del imaginario dominante?* Barcelona: Icaria editorial.

- Seligman, Martin. 2011. *Vivre la psychologie positive.* París: InterÉditions.

- Van Dieren, Xavier. 2015. *Réveillez vos 4 héros intérieurs.* Quebec: Les Éditions du Héros.